AF240378

Étienne RICHET

Professeur au Collège des Sciences sociales.

LES ÉTABLISSEMENTS FRANÇAIS

DE L'OCÉANIE

Conférence donnée à l'*Alhambra de Bordeaux*
sous les auspices de la Ligue maritime et coloniale
le 23 juin 1921.

Éditions de l'Autre France.

LIBRAIRIE LITTÉRAIRE ET SCIENTIFIQUE

95 avenue de Villiers, Paris (XVIIᵉ).

1921

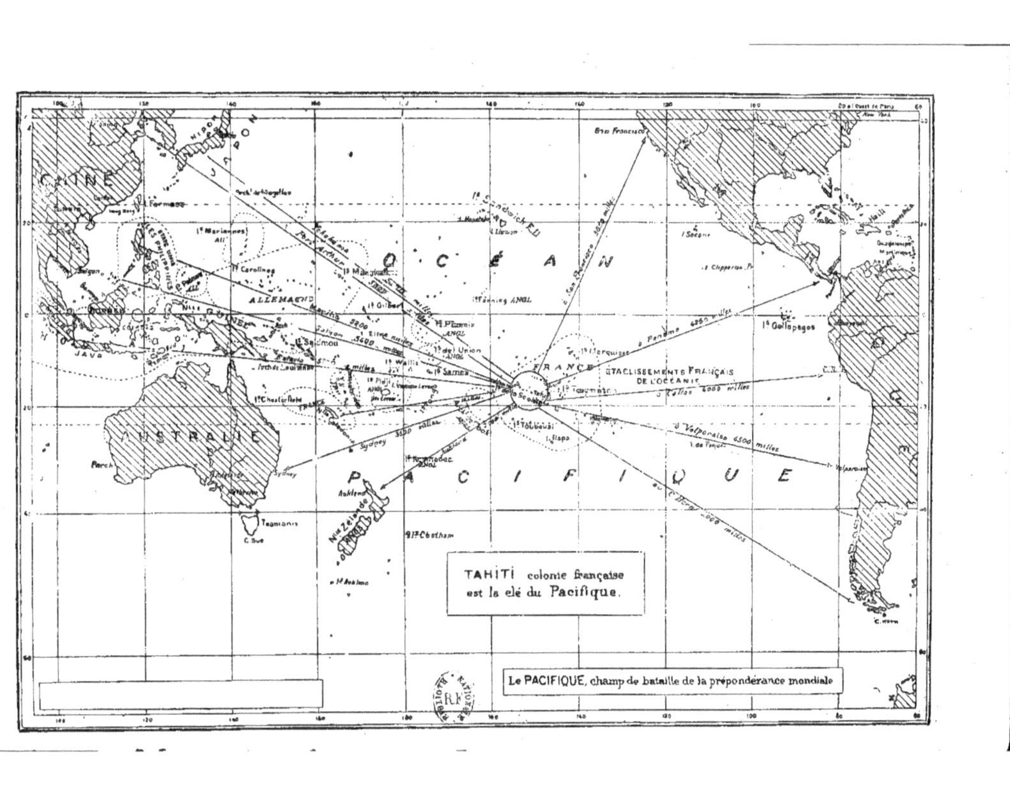
OCÉAN
PACIFIQUE
CHINE
JAPON
AUSTRALIE
JAVA
Nlle GUINÉE
ALLEMAGNE
FRANCE
ÉTABLISSEMENT FRANÇAIS DE L'OCÉANIE
San Francisco
Iles Sandwich EU
Honolulu
I. Fanning ANGL
Iles Marquises
I. Galapagos
I. Clipperton
Panama 4250 milles
Callao 5000 milles
Valparaiso 6500 milles
I. Tuamotu
Papeete
Iles Sous le Vent
I. de l'Union
I. Samoa
I. Fidji ANGL
Sydney
Auckland
Nlle Zélande
I. Kermadec ANGL
I. Chatham
C. Horn
TAHITI colonie française
est la clé du Pacifique.
Le PACIFIQUE, champ de bataille de la prépondérance mondiale

LES ÉTABLISSEMENTS FRANÇAIS DE L'OCÉANIE

CONFÉRENCE DONNÉE A L'ALHAMBRA DE BORDEAUX, SOUS LES AUS-
PICES DE LA LIGUE MARITIME ET COLONIALE, LE 22 JUIN 1921

Messieurs,

En parcourant, ce matin, les sentiers tortueux de notre poétique Benauge ou j'ai vécu les plus beaux jours de mon enfance,
je me disais: « Si mes compatriotes girondins ont pu me repro-
cher jadis de délaisser la petite patrie, que vont-ils penser
aujourd'hui? »

En effet, c'est en mars que je vous ai donné, comme l'a
dit spirituellement M. DUTHIL ma « représentation d'adieu »
d'explorateur sur les tréteaux de l'Athénée, et voici que je
reparais, avec la fin du printemps sur ceux de l'Alhambra, non
pour vous parler d'un de ces lointains voyages auxquels j'ai
consacré vingt-cinq ans de ma vie, mais des îles les plus
curieuses du monde que je ne connais pas, que je ne connaîtrai
vraisemblablement jamais.

Sans doute, c'est une bonne fortune pour moi de reprendre
si vite contact avec vous, et particulièrement avec votre
président, M. MAXWELL dont j'apprécie depuis longtemps les
hautes qualités de cœur et d'esprit. Mais, à la vérité, ce qui me
fait trembler un peu en abordant cette tribune, c'est de penser
que les raisons abondent pour que la réciproque ne soit pas
vraie.

Je ne suis pas comme l'honorable M. LAISANT, chef de service
à l'Agence générale des Colonies que vous deviez entendre
aujourd'hui un spécialiste de l'Océanie ; je ne suis qu'un
vieux barbare des Afriques, hier encore inexplorées, et mon
domaine est si vaste que lorsque je le quitte, pour aller navi-
guer à l'aveuglette parmi les îles du Pacifique, je me considère
comme un marin qui serait parti pour faire le tour du monde
sans sa boussole en poche.

Ce n'est pas tout. J'ai l'honneur de professer au Collège
des Sciences sociales, c'est-à-dire dans une maison illustrée

depuis un quart de siècle par toute une pléïade de grands maîtres et qui rivalise heureusement, pour ne pas dire plus, avec le Collège de France. Et dans cette maison où sont passés Elisée Reclus et Jean Brunhes, à l'exemple de ces maîtres admirables, nous avons l'habitude, avant de livrer nos réflexions au public, de ne travailler que sur des documents de première main, c'est-à-dire de ne parler que de choses que nous avons vues, que nous connaissons bien et sur lesquelles nous avons longuement médité dans le silence du cabinet. Or, je dois vous avouer, et ma confusion est grande, que si je travaille quotidiennement, depuis des mois et des mois, à la géographie de Madagascar, il y a quatre jours à peine que les Établissements français de l'Océanie sont devenus l'objet de mes préoccupations.

Pour ce motif essentiel, ne vous attendez pas à ce que je vous apporte aujourd'hui des aperçus bien nouveaux; par exemple ne craignez pas non plus qu'après cet exorde un peu copieux, je sorte sournoisement de ma poche les notes communiquées par M. Laisant. Je sais pour l'avoir éprouvé moi-même, l'effroi qu'éprouvent les auditeurs à la vue du fatal manuscrit et je m'en voudrais, Messieurs, de vous faire une pareille offense. Par contre, je pense qu'à la suite de cet aveu débonnaire, votre indulgence me sera acquise.

Après une pénitence de trois quarts d'heure vous serez d'ailleurs largement récompensés par le beau voyage que vous ferez sans quitter vos fauteuils, grâce aux nombreuses vues fournies par *l'Agence générale des Colonies* et le *Comité de l'Océanie française*.

Depuis le « *Mariage de Loti* » nous avons hélas ! bien oublié :

> Une île paresseuse où la nature donne
> Des arbres singuliers et des fruits savoureux,

et nous ne connaissons même pas les noms — ayons la franchise de l'avouer — de ces terres volcaniques, de ces attols, de ces poussières coraliennes aux lagons desquelles viennent s'abriter, dans des eaux parfaitement calmes, les navires en détresse. Faisons notre meâ-culpa en évoquant aujourd'hui ces petites Frances sur lesquelles notre pavillon flotte depuis plus de quatre-vingts ans.

Vous savez tous comme moi, Messieurs, que les terres océaniques se divisent en trois groupes: la Micronésie, la Mélanésie et la Polynésie.

Dans le premier nous ne possédons pas la moindre pointe de roc; dans le second, la Nouvelle-Calédonie, les Nouvelles-Hébrides et les Wallis, dont je n'ai pas reçu mission de vous parler aujourd'hui, tiennent une place honorable; dans le troisième, nous abordons notre sujet, nous pénétrons dans les lagons, nous accostons, nous sommes chez nous...

Au nord, voici l'archipel des Marquises; au centre ceux de Tuamotu et des Gambier, puis les archipels de la Société (avec les îles du Vent et les îles Sous le Vent); plus loin, voilà le groupe des Tubuaï et plus loin encore, dans son isolement, en plein sud, Rapa iti, la petite Rapa, soit en tout, cent vingt-deux îles peuplées de 24.000 habitants.

Le problème des origines des îles polynésiennes et de leurs habitants ne sera pas résolu de sitôt. Les rares savants qui se sont occupés de la question ne sont plus d'accord dès qu'ils en discutent et je ferais preuve d'une singulière témérité si je voulais à mon tour, édifier une maison dont je ne possède même pas les premiers matériaux. Je me borne donc à vous signaler les deux hypothèses en présence: la première est celle des éruptions partielles ayant formé des soulèvements sous-marins dont les sommets sont les îles actuelles; la seconde celle de l'affaissement d'un ancien continent n'ayant laissé d'autres traces que des cratères éteints et les attols, c'est-à-dire les sommets des travaux édifiés par les infusoires coraligènes des plateaux sous-marins.

La plupart des savants tiennent pour cette dernière opinion et rappellent, en faveur de leur thèse, l'éclatement du Kara Katua en 1883 et l'engloutissement de l'île de la Sonde (3.000 victimes); les secousses fréquentes de la Nouvelle-Zélande et des îles Hawaï dont la formation est la même. Enfin ils trouvent, assurent-ils, dans l'étude de la race maori à laquelle ils attribuent une origine caucasique — même langue, mêmes légendes, mêmes caractères généraux ethnographiques — une preuve nouvelle d'une Océanide dont l'Australie est le vestige, de même que Madagascar apparaît comme un reste de la Lémurie.

Sans m'attarder à cette discussion inutile, en raison du manque de documents, je pense avec Élisée Reclus, que les Polynésiens ne sont pas partis d'un point unique du monde mais bien de multiples régions de la Malaisie. Il est fort possible, néammoins, qu'une migration soit venue également de Java et de Céram, dans l'intérieur desquelles on rencontre encore, à l'heure actuelle, des populations qui offrent avec celles de la Polynésie des analogies anthropologiques, linguistiques et traditionnelles.

Quoiqu'il en soit, parmi tant d'exodes probables, on peut en citer au moins deux avec certitude. Les Hawaï, les Marquises les Tuamotû, les Tubuaï, les Cook et la Nouvelle-Zélande ont un dialecte qui révèle un même peuplement, effectué par une migration sensiblement différente de celles qui peuplèrent les autres îles. Les conclusions fournies par la linguistique sont encore ici étayées par la morphologie crânienne.

Les Maoris qui colonisèrent la Nouvelle-Zélande vinrent, pour la plupart, de l'archipel des Tubuaï. La légende, qui pourrait bien être ici de l'histoire, assure que ces migrateurs, poussés par des vents contraires, étaient en quête d'une terre plus hospitalière. Décimés par une guerre malheureuse, ils étaient partis à la recherche de Tonga dont une colonie d'hommes venus on ne sait d'où, ni à quelle époque avait fait connaître l'existence.

Ces Tongiens avaient colonisé Oheevaï que les migrateurs nommèrent dès lors Raro-Tonga, c'est-à-dire Tonga sous le vent.

Les Malayo-Polynésiens qui peuplent aujourd'hui les îles françaises constituent une race magnifique dont tous les voyageurs vantent avec raison les lignes et la puissance. Lorsqu'un apport de sang européen n'a pas modifié leur caractère antérieur, ce qui est devenu à peu près général, après tant d'années d'occupation, leur couleur varie du chocolat foncé au chocolat clair.

La légende du Polynésien naturellement cuivré est aussi fantaisiste que celle de l'Indien des États-Unis d'Amérique car cette teinte ne colore aucun groupe ethnique et l'on ne trouve dans l'univers, en fait d'hommes cuivrés, que ceux qui se peignent le corps de cinabre ou de rocou.

Au point de vue moral, les Européens qui ont habité les îles de la Polynésie française, vantent l'affabilité, la douceur, l'hospitalité des indigènes qui, après avoir pratiqué autrefois l'infanticide et autres coutumes barbares, sont arrivés à une civilisation relativement avancée. Le vol et l'assassinat sont à peu près inconnus. Les Polynésiens, affirme Élisée RECLUS, rient volontiers. Ils aiment la musique et la danse, les chants et les récits. On compte par centaines les livres de voyage qui les décrivent comme la race joyeuse et poétique par excellence, et quand on lit ces ouvrages on serait tenté de croire que, récemment, les Polynésiens vivaient dans l'âge d'or; du moins peut-on dire que, de tous les peuples, les insulaires de quelques terres polynésiennes, non visitées par la guerre, étaient les plus heureux. Lorsque DUMONT D'URVILLE demanda aux habitants de Tukopia s'ils croyaient à une vie future pour les bons et punition pour les méchants, ils répondirent avec quelque suffisance: « il n'y a pas de méchants parmi nous ».

Les femmes passent pour être d'une beauté rare et ce n'est pas sans raison que BOUGAINVILLE a pu nommer Tahiti la Nouvelle Cythère. Si leurs traits ont un peu trop l'accentuation de ceux des Malaises, leurs yeux noirs sont si beaux et si purs, leurs lèvres quoique un peu fortes, forment avec leur dentition magnifique de régularité et de blancheur un ensemble d'une expression si douce et si voluptueuse, qu'il est impossible selon M. VAN DER VEENE, « de se dérober à l'admiration ». A franc parler, je n'y songe pas et si, dans cette salle de l'Alhambra où l'on pourrait évoquer également les Reines de l'Andalousie, il se trouvait parmi vous, Messieurs, une de ces belles Tahitiennes dans le goût de Pierre LOTI qui se baignent au clair de lune « dans des bassins naturels d'une délicieuse fraîcheur » je vous inviterais à élever vers elle le tribut de votre admiration.

Les Polynésiens, hauts de stature, ont une propension à l'obésité. Leurs jambes sont fortes, leurs pieds développés. Les visages encadrés de cheveux noirs lisses, mais quelquefois aussi ondulés et blonds, ne manquent pas d'agrément. A part le nez, qui est légèrement busqué les traits sont réguliers.

Nés sous un ciel sans hiver, sur une terre d'une fécondité merveilleuse, ces hommes des îles lointaines, n'ont qu'à lever le bras pour cueillir le fruit de l'arbre à pain et le fèhi qui constituent la base de leur nourriture. Aussi travaillent-ils peu, et la pêche, à l'aide de laquelle ils varient leur alimentation, constitue un de leurs grands plaisirs.

Tour à tour enjoués et mélancoliques, avides de distractions, superstitieux à l'excès; doux et hospitaliers, indolents autant qu'imprévoyants, ces Polynésiens qui ne sont pas taillés pour les rudes batailles d'une époque où la civilisation poussée à l'état aigu est devenue une autre forme de la sauvagerie, paraissent voués, au contact de la race blanche, à une disparition certaine. Le travail assidu, les maladies importées chez eux (la syphilis, la lèpre, sans compter la tuberculose et l'alcoolisme) ont opéré depuis l'époque ou Dupetit-Thouars prenait possession de leurs îles au nom de la France, leur œuvre exterminatrice.

Le souvenir de l'amiral Dupetit-Thouars m'amène naturellement à parler de la découverte et de l'occupation des archipels qui forment notre domaine polynésien.

C'est en 1595 que Mendoza, le premier en date, découvre les Marquises; onze ans plus tard (1606) Quiros et Torrès accostent à Tahiti et aux Tuamotu. En 1767 Wallis et en 1768 Bougainville visitent Tahiti. De 1769 à 1779, c'est Cook qui y revient trois fois, après avoir découvert, lors de son premier voyage, les Iles sous le Vent.

De 1794 à 1838, les Marquises sont explorées successivement par Marchand et Chenal (1794); Kausenslein (1804), Stewart (1829), Brunet (1835) et Dumont d'Urville (1838).

En 1796 Vancouver avait découvert Rapa et l'année suivante Wilson les Gambier.

En résumé, jusqu'en 1842 la nation qui s'honore, à juste titre d'avoir donné naissance à des navigateurs comme La Pérouse, d'Entrecasteaux et Bougainville, lesquels avaient promené si longtemps notre pavillon dans le Pacifique, ne possédait dans cet Océan ni lieu de relâche pour ses navires de guerre, ni lieu de ravitaillement pour ses navires de commerce

C'est pour répondre à ce besoin que Dupetit-Thouars, en mai 1842, prit possession de l'archipel des Marquises avec le consentement des principaux chefs.

Déjà, depuis 1797, trente missionnaires envoyés par la Société des missions de Londres s'étaient installés à Tahiti et dans l'archipel.

En vingt ans, le prosélytisme de ces agents de l'Angleterre avait converti la plus grande partie des habitants à la religion réformée. Comme partout, leur zèle religieux ne tarda pas à empiéter sur le domaine politique, si bien qu'ils devinrent en peu de temps les conseillers écoutés des Pomaré.

Cette dynastie étant reconnue sans conteste, les missionnaires esquissèrent une caricature de constitution, établirent des lois, fondèrent un embryon d'état social: le mariage fut institué, la propriété établie; des mesures furent prises pour garantir ces institutions.

Trente-neuf ans plus tard, en 1836, deux missionnaires catholiques français venaient à leur tour s'établir dans le pays.

Un conflit ne tarda pas à se produire; les missionnaires anglais
ne pouvaient se faire à l'idée qu'une concurrence put s'établir à
côté d'eux. Usant de son influence auprès de la reine POMARÉ, le
chef des missionnaires protestants, le fameux PRITCHARD, réussit
à faire expulser les deux prêtres catholiques. Ceux-ci se plai-
gnirent au gouvernement français, et peu s'en fallut qu'une
rupture se produisit entre la France et l'Angleterre, à ce sujet.
Le roi LOUIS-PHILIPPE n'hésita pas cependant à soutenir nos missionnaires et donna l'ordre au commandant DUPETIT-THOUARS
de se rendre à Tahiti et d'y faire des représentations à
la reine. Le 4 septembre 1838, POMARÉ signait une convention qui accordait à tous les Français le droit de séjour à
Tahiti.

PRITCHARD, cependant, ne se tenant pas pour vaincu,
engageait bientôt la reine à offrir au gouvernement britan-
nique le protectorat de son pays. Le cabinet de Londres
refusa.

Devenu contre-amiral, entre temps, DUPETIT-THOUARS
revient à Tahiti en 1842. Il décide POMARÉ à solliciter du
gouvernement le protectorat; la demande est signée le
9 septembre 1842 et ratifiée à Paris le 23 mars 1843. Mais
PRITCHARD est toujours là; de nouveaux troubles se produisent; la reine refuse de se conformer au traité passé ; le
capitaine de vaisseau BRUAT, prend possession de Tahiti au
nom de la France; la reine s'enfuit à Raiatéa; PRITCHARD,
arrêté et quelque peu malmené, se plaint à son tour à son
gouvernement.

On désavoue nos officiers de marine ; on paie une indem-
nité à PRITCHARD ; l'insurrection des Canaques s'étend, et nous
sommes obligés de les soumettre par les armes. En 1846
le fort de Fantana est pris, avec un grand nombre de rebelles;
le protectorat est rétabli et la reine réintégrée dans son
autorité.

En 1852, une nouvelle insurrection fût vite réprimée et,
depuis cette époque, la colonie est demeurée tranquille. En 1877,
POMARÉ IV mourut après avoir régné un demi-siècle, et subi
bien des vicissitudes. Son fils appelé à lui succéder, prit le nom
de POMARÉ V. Mais ce prince, de santé délicate et d'aptitudes
médiocres, ne tarda pas à abdiquer ses pouvoirs. L'annexion
de Tahiti et de ses dépendances fût ratifiée par le Parlement
français, le 30 décembre 1880. La même année RAPA fut anne-

xée et le 24 décembre 1885, une convention franco-allemande régla les intérêts respectifs des deux nations européennes dans le Pacifique.

Après cet exposé historique sommaire vous avez deux questions à me poser.

Si nous causions en petit comité, vous ne manqueriez pas de me dire: « Que valent, au point de vue économique, ces archipels acquis si laborieusement et qu'en avons nous fait? »

A la première je réponds: il n'y a pas de grandes cultures à Tahiti et dans les archipels, en raison de l'indolence naturelle des habitants qui ne sont plus que vingt-quatre mille, et du manque de main-d'œuvre étrangère. Cependant ces îles fortunées produisent le coton, la canne à sucre, le coprah, la vanille, le café, le tabac, le manioc, l'arbre à pain, le taro, l'igname, la patate, l'arachide et toutes sortes de fruits exquis.

Et pour répondre à la seconde question j'ajoute: ne croyez pas que nous n'ayions rien fait. Déjà, sous l'Empire, grâce à l'impulsion donnée par l'administration française, Tahiti seule, fournissait pour trois millions de coton au commerce américain. En 1884 on constatait encore 976 hectares occupés par les diverses cultures. Puis il y avait fléchissement pendant vingt ans. Par contre, dès 1906, un relèvement sérieux se produisait puisque le mouvement commercial de nos établissements atteignait six millions. En 1913, dernière année normale, avant la guerre, il était à vingt millions, et six ans plus tard ce dernier chiffre était doublé.

Cette ascension croissante en dit plus long que toutes les considérations possibles. Elle prouve qu'aux Colonies, si l'État n'est pas tout, du moins l'administration peut quelque chose. Et c'est en grande partie il faut bien le dire grâce à l'impulsion donnée aux archipels par les excellents gouverneurs JULIEN et JOCELYN ROBERT, comme à la propagande incessante du *Comité de l'Océanie française*, que nous devons ce succès.

Dans nos belles îles du Pacifique, il n'y a pas d'animaux féroces, ni d'insectes venimeux, mais des chevaux, des chèvres, des bœufs, des moutons, des porcs, de la volaille, des poissons des crustacés, des mollusques. On y recueille des huitres perlières et des huitres nacrières; le climat est d'une douceur proverbiale, la vie facile, et cependant c'est à peine si quelques centaines de Français y résident! La triste vérité est là. Nous ne nous expatrions pas assez; la vie est douce chez nous aussi et nous aimons à rester ancrés au coin natal. Même pour aller chercher un collier de perles aux Tuamotu, une jeune française ne prendrait pas le bateau; même, pour devenir plus riche, un fils de famille n'irait pas exploiter les phosphates de Makatéa!

L'industrie est à l'état embryonnaire dans les archipels. Il y a des fabriques de bière et d'huile de coprah, de glace et de sucres avec rhumeries et une usine électrique à Tahiti. Mais que de choses restent à créer ou à développer comme constructions maritimes, textiles, (fibres de cocos etc); huileries (ricin); parfums, savons, tabac, censerves et exportations de fruits. Que manque-t-il pour cela? La main-d'œuvre? Oui, mais dans une certaine mesure nous pourrions en avoir... Des capitaux? Oui, mais là encore on peut remédier au mal. Nos nouveaux riches ne savent comment utiliser leurs ressources. Pourquoi ceux qui se parent de nos dépouilles et des malheurs de la nation n'aideraient-ils pas à sa prospérité future en exportant leurs capitaux aux Colonies, où il faut éviter d'abord la monoculture et, ensuite, la petite colonisation vouée d'avance à un échec certain? Et pourquoi, tout d'abord, n'aideraient-ils pas à la création d'un ligne de navigation régulière entre la Métropole et Tahiti?

Là est le point noir. — Avant la guerre, très rares étaient les bateaux français qui visitaient les archipels. Depuis 1914 notre pavillon a disparu du sud du Pacifique. « Qu'on y prenne garde, écrit le gouverneur JULIEN, à conserver jalousement pour n'y rien entreprendre, des terres lointaines, où toutes sortes de possibilités se trouvent accumulées sans utilisation, nous donnons l'impression d'une nation mégalomane, dont seul, un esprit d'impérialisme, ne reposant sur aucune capacité de mise en œuvre, dicte l'expansion ».

Réflexion très juste. Mais comment la Métropole, si peu hardie dans ses entreprises maritimes, comment la Métropole qui a si peu de communications avec ses Colonies d'Afrique, avec Madagascar, avec l'Indochine, comment la Métropole aurait-elle songé à établir un service régulier entre Bordeaux et Papeete, par exemple?

Je constate en passant, que, si le canal de Panama est ouvert depuis sept ans, on n'a pas vu, l'an dernier, dix bateaux en rade de Papeete, parmi les 969 qui ont traversé les deux Amériques. Sept grandes lignes régulières relient la côte Atlantique des États-Unis à l'Australie et à la Nouvelle-Zélande, cinq ont leur port initial en Europe, mais pas un ne fait escale chez nous. Je ne dis pas seulement qu'une pareille situation est triste, je dis aussi qu'elle est douloureuse. Dieu merci! d'autres l'ont compris comme vous et moi. Grâce aux efforts répétés du gouverneur actuel et de son distingué prédécesseur la Compagnie concessionnaire du port de Papeete qui n'exécutait pas le contrat passé en 1914 avec l'État, va se mettre à l'œuvre et transformer — mieux vaut tard que jamais — les conditions de la navigation. Ainsi, la situation des Établissements français de l'Océanie, à mi-route entre le canal de Panama et l'Australie sera changée du jour au lendemain et, pour ma part, je remercie M. le Ministre des Colonies d'avoir eu le courage de ne pas atténuer la vérité dans son rapport aux Chambres, d'avoir écrit dans son projet de mise en valeur de nos possessions lointaines: « Le port de Papeete est dans un état de délabrement qui appelle des réfections immédiates. Depuis l'ouverture du canal de Panama plusieurs compagnies de navigation transitent par cette voie à destination de l'Australie; aucun de leurs navires ne peut y faire escale, ni s'y réapprovisionner à cause de l'état lamentable dans lequel nous laissons le port. Des installations semblent devoir être prochainement réalisées à Papeete pour la création d'un important dépôt de combustible liquide et il est également probable que le dépôt de charbon projeté en 1914 sera également établi à bref délai. Dans ces conditions et afin de permettre aux navires d'accéder plus facilement dans le port et d'y faire leurs opérations, plusieurs travaux urgents s'imposent. »

M. Albert SARRAUT les énumère un à un et préconise en passant, la création d'un port d'escale dans la baie de Taichao à Nuka-Hiva (îles Marquises). En vue d'assurer la sécurité de la vie maritime il demande aussi que soient réalisés, dans les plus brefs délais, le balisage, puis l'éclairage par la construction de phares sur la route de Papeete à travers les Tuamotu. Les passes de Tahiti et de Mooréa sont loin d'être sûres et l'on se rappelle que le *Kersaint* s'est perdu en mars 1919, à l'entrée de la baie de Papeete qni n'était pas balisée à cette époque.

En attendant que ces travaux soient exécutés la Métropole ne communique que difficilement avec ses colonies du Pacifique. Par l'Amérique il faut près d'un mois — quand les courriers correspondent: Havre-New-York (Compagnie générale transatlantique) sept jours; New-York-San-Francisco (voie ferrée) cinq ou six jours; de San-Francisco à Papeete (Union Steam

Ship Company) douze jours. Le service de cette dernière compagnie de navigation est assuré tous les 28 jours.

Par l'Australie, on prend le chemin des écoliers: de Marseille à Sydney (Messageries maritimes) 36 jours et de Sydney à Papeete 13 jours (Union Steam Ship Company).

La troisième voie qui sera bientôt la voie pratique par excellence, lorsqu'on évitera le crochet par San-Francisco, est celle des Antilles: France-Colon (Compagnie générale transatlantique) voie ferrée Colon-Panama; Panama-San-Francisco, voie maritime et San-Francisco-Papeete. A dater du 1er janvier 1922 — c'est le rapport de M. VALUDE, député du Cher, amendé par M. Gratien CANDACE, délégué de Tahiti au Conseil supérieur des Colonies, qui nous l'apprend — nous aurons, enfin, (grâce à une entente entre nos deux grandes compagnies de navigation, Compagnie générale transatlantique et Messageries maritimes), un service régulier Colon-Panama-Tahiti. Autre bonne nouvelle: à dater du 1er juillet prochain, c'est-à-dire dans quelques jours, un service intersulaire reliera Papeete aux archipels, heureuse initiative due en partie aux efforts du gouverneur JOCELYN ROBERT.

Sans doute la guerre nous a empêché de profiter de l'ouverture du canal de Panama et de décupler en très peu de temps le chiffre d'affaires de nos Colonies du Pacifique. Mais si nous faisons notre examen de conscience ne nous jugeons nous pas coupables, nous Français, qui possédons selon l'heureuse formule de RECLUS, « les chefs-lieux naturels de l'Océanie », d'avoir négligé si longtemps cette admirable voie du Pacifique et ces îles si riches ou la vie est si pleine d'attraits?

Savez-vous, Messieurs, quelle était la nation qui, avant le grand conflit européen, s'était assurée une position très forte, dans ces rades très sures où le ravitaillement en vivres frais et en eau douce est toujours possible? L'Allemagne!

C'est aux magasins de la Compagnie commerciale Taiohahé que sont venus se ravitailler leurs bateaux en juillet 1914 et c'est à leur dépôt de charbon de Bora-Bora qu'ils sont allés faire leur plein, la veille du jour ou le *Gneisnau* et le *Scharnhorst* ont bombardé Papeete.

Bien mieux: en 1917 encore, un de leurs corsaires mouillait à l'île Mapélia, après une campagne de huit mois en haute mer. Le 2 août de la même année il échouait sur les récifs. Son état-major et ses 78 hommes d'équipage furent capturés.

Avant la guerre, les Allemands avaient accaparé Mooréa, ce joyau du Pacifique et Raiatéa, l'île Sainte, où nous n'avons rien fait. Je souhaite que de pareilles leçons de choses nous soient profitables désormais et que, par une propagande incessante — le livre, la conférence, l'école — nous fassions connaître aux jeunes Français désireux de nous remplacer aux Colonies quelles sont les richesses de notre vaste domaine d'outre-mer.

L'heure s'avance, Messieurs, et c'est à peine si j'ai effleuré les questions essentielles... Je ne voudrais pas vous quitter cependant sans dire quelques mots du tourisme. Sur ce point je ne suis pas d'accord avec l'honorable M. Laisant et je le dis en toute franchise. Au prix où sont les choses, avec la vie chère, qui peut songer à part quelques nouveaux multimillionnaires « ne regardant pas à la dépense », à faire du tourisme autour du monde?

Il y a vingt ans, un explorateur pouvait, avec quarante mille francs de revenus, voyager durant une année en Afrique ou en Asie, accompagné d'un sécrétaire et de deux domestiques indigènes. A l'heure actuelle, le même homme, doit compter débourser cent mille francs pour un voyage de six mois. J'ai fait, l'an dernier, une excursion au Cameroun, et je vous peux affirmer que ce chiffre n'est pas exagéré. J'avoue, en toute humilité, que mes moyens de nouveau pauvre ne me permettent plus d'aller faire du grand tourisme à ce taux et que, malgré mon désir très vif, de visiter à la fin de ma carrière, nos établissements d'Amérique et d'Océanie, ce qui me permettrait de dire ensuite que j'ai parcouru toutes les Colonies françaises, je crois hélas! que je mourrai sans avoir rêvé par les couchants splendides au pays de Rarahu.

Et cependant, si j'en crois Pierre Loti, c'est bien tentant puisque « on voyage encore dans cet heureux pays comme on eut voyagé au temps mystérieux de l'âge d'or », sans armes sans provisions, sans argent. « L'hospitalité nous est offerte partout, cordiale et gratuite, et dans toute l'île il n'existe d'autres animaux dangereux que quelques colons européens; encore sont-ils fort rares et à peu près localisés dans la ville de Papeete ».

Ce qui est plus tentant encore, c'est qu'il y a « dans le charme tahitien beaucoup de cette tristesse étrange qui pèse sur toutes les îles d'Océanie, l'isolement dans l'immensité du Pacifique, le vent de la mer, le bruit des brisants, l'ombre épaisse, la voix rauque et triste des Maoris qui circulent en chantant au milieu des tiges de cocotiers étonnamment hautes, blanches et grêles... On s'épuise à chercher, à saisir, à exprimer. Effort inutile... Quelque chose s'échappe et reste incompris ».

Je ne voudrais pas, Messieurs, terminer cette causerie, que vous avez suivie avec une si bienveillante attention, sans en tirer la conclusion utile, la conclusion qui s'impose.

Malgré les sages avis, donnés en temps voulu par des hommes distingués comme M. FROMENT-GUYESSE, directeur du *Comité de l'Océanie française*, comme les gouverneurs JULIEN et ROBERT, nous nous sommes laissés surprendre par l'après-guerre dans le Pacifique. C'est très fâcheux. Mais, à franc parler, tout n'est pas perdu si nous voulons retrousser nos manches et nous mettre résolument à la besogne. Et pour nous mettre au travail n'attendons pas que l'Etat nous y invite. L'État, c'est parfois quelque chose, mais ce n'est jamais tout. M. SARRAUT que je me plais à citer encore, non parce qu'il est ministre et qu'un ministre ne compte pas beaucoup à mes yeux d'homme indépendant, mais parce que, comme la plupart des hommes du Midi il a bien souvent le mot juste et qui porte, disait en inaugurant la Foire de Bordeaux: « C'est le tort des Français de toujours compter sur l'État et de s'appuyer sur lui. Apprenons à marcher sans béquilles. » — Oui, jetons nos béquilles au diable et comptons davantage sur nos propres forces. Un homme, même un homme seul, est bien puissant quand il a un peu d'esprit de suite accompagné d'une volonté ferme.

Désormais ne nous désintéressons plus de nos possessions d'outre-mer et secondons, non seulement de nos vœux, mais de nos capitaux les initiatives privées. Pendant trop longtemps hélas! des banques qui se disent françaises mais qui, en réalité, ne représentent que la haute finance cosmopolite, laquelle n'a pas de patrie, ont drainé notre or pour lancer les mauvaises affaires de la Russie et du Sud-Amérique. Le moment est venu pour leurs dirigeants de changer de méthode. Qu'à l'exemple de MM. FROMENT-GUYESSE, pour l'Océanie, GROS et DARRIEUX pour Madagascar, DENIS, pour l'Indochine, MOREL et PROM, PEYRISSAC, DEVEZE et CHAUMET, les frères PLANTEY, pour l'Afrique occidentale, les TRÉCHOT, pour le Congo, et d'autres, beaucoup d'autres dont les noms ne me reviennent pas à la mémoire, elles s'appliquent à seconder uniquement nos entreprises coloniales.

La période que nous traversons est semée d'écueils. Sans être insoluble le problème qui nous est soumis demande notre attention quotidienne. Il s'agit de relever des ruines, de rétablir notre situation financière; il s'agit de libérer notre pays d'un change ruineux en tirant de nos domaines les huit milliards de matière première que nous fournit l'étranger; il s'agit pour tout dire, de sauver la France...

Et qui la sauvera? Vous le savez comme moi. Donc assez de paroles. Ne nous perdons plus en considérations vaines. La voie lumineuse est tracée devant nous; suivons-la. Il n'est que temps.